Vente des 27 et 28 Janvier 1905

HOTEL DROUOT — SALLE N° 1

A 2 HEURES

RICHE MOBILIER

de Style

Renaissance, XVIIe & XVIIIe siècles

MEUBLES ANCIENS

Me LAIR DUBREUIL
COMMISSAIRE-PRISEUR
6, rue de Hanovre, 6

M. A. REINACH
EXPERT
17, rue Drouot, 17

EXPOSITION PUBLIQUE

Le Jeudi 26 Janvier 1905, de **2 heures à 6 heures**

PARIS. — IMPRIMERIE C. CHAUFOUR

8-10, Rue Milton, 8-10

CATALOGUE

D'UN

RICHE MOBILIER

de Style

Renaissance, XVIIe et XVIIIe siècle

MEUBLES ANCIENS

Importante salle à manger en noyer sculpté
Chambre à coucher en acajou et cuivre, Meubles de salons
en bois doré garnis en soie
Bureaux, Commodes, Meubles d'appui, Vitrines, Tables, etc.

PIANO 1/2 QUEUE EN PALISSANDRE DE PLEYEL

BRONZES D'ART et D'AMEUBLEMENT

Statuettes, Lustres, Suspensions et appliques électriques

Marbres, Terres cuites, Porcelaines, Faïences

TABLEAUX — AQUARELLES — PASTELS

Dessins, Gravures

TENTURES — TAPIS D'ORIENT

dont la vente aura lieu

HOTEL DROUOT — SALLE N° I

Les Vendredi 27 et Samedi 28 Janvier 1905

A 2 HEURES

Me LAIR DUBREUIL	**M. A. REINACH**
COMMISSAIRE-PRISEUR	EXPERT
6, Rue de Hanovre, 6	*17, Rue Drouot, 17*

EXPOSITION PUBLIQUE

Le Jeudi 26 Janvier 1905, de 2 heures à 6 heures

CONDITIONS DE LA VENTE

La vente sera faite au comptant.

Les adjudicataires payeront *dix pour cent* en sus des enchères.

L'exposition permettant au public de se rendre compte de l'état et de la nature des objets, il ne sera admis aucune réclamation une fois l'adjudication prononcée.

Paris. — Imp. C. Chaufour, 8-10, Rue Milton

DÉSIGNATION

MEUBLES

1 — Meuble crédence en chêne finement sculpté, époque Renaissance.

2 — Secrétaire Louis XVI en marqueterie de bois rose et palissandre, orné de bronzes, dessus de marbre gris.

3 — Grand bureau à quatre faces en bois de placage orné de bronzes dorés ; aux angles des cariatides de femmes et sur les côtés des mascarons, dessus en maroquin, style Régence.

4 — Importante salle à manger en noyer sculpté de style Renaissance, composée de :

Un grand buffet à deux corps formant crédence; le bas ouvrant à trois vantaux pleins décorés en relief d'ornements et de mascarons. La partie supérieure à étagère et panneau central offrant en relief un groupe de deux personnages; fronton architectural à galerie.

Une grande table à coins arrondis sur pieds feuillagés et deux grandes allonges.

Un dressoir à tablettes et dessus de marbre rouge.

Et dix chaises garnies de cuir brun à encadrements dorés.

5 — Deux meubles argentiers en noyer sculpté à fond de glace, ouvrant à deux portes, garnies de glaces biseautées, style Renaissance.

6 — Belle chambre à coucher en acajou moucheté à moulures de cuivre de style Louis XVI composée de :

Un lit de milieu avec sommier, une armoire à deux portes à glaces biseautées et colonnes cannelées et deux tables de nuit à dessus de marbre.

7 — Commode de forme ventrue en marqueterie de bois ornée de bronzes, ouvrant à deux tiroirs, dessus en marbre brèche d'Alep, style Louis XV.

8 — Commode en palissandre à ornements de bronzes dorés montants à cariatides de femmes, garnie de quatre tiroirs, dessus en marbre rouge veiné, style Régence.

9 — Piano demi-queue en palissandre de Pleyel nº 120.345).

10 — Meuble d'appui forme demi-lune en acajou et palissandre ; bandeau à frise d'amours et draperies ; le vantail et les côtés à moulures, guirlandes de fleurs et nœuds de rubans en bronze dessus en marbre rouge veiné, style Louis XVI.

10 *bis* — Meuble semblable au précédent.

11 — Table de salon, bois sculpté et doré de style Louis XV à dessus de marbre.

12 — Table rectangulaire en acajou à moulures de cuivre, style Louis XVI.

13 — Table bureau en bois de placage ornée de bronzes, style Louis XV.

14 — Meuble d'appui en bois laqué fond d'or, décoré de peintures, ouvrant à un vantail formé d'un panneau décoratif représentant la Chasse au Tigre, dessus en marbre.

15 — Bureau forme à cylindre en acajou à filets et moulures de cuivre, style Louis XVI.

16 -- Table de salon à quatre faces en bois sculpté et doré, bandeaux à enroulements de feuillages, dessus en marbre, style Louis XVI.

17 — Console d'encoignure en bois sculpté et doré à guirlandes de fleurs reliées à un pied central.

18 — Vitrine en palissandre ornée de bronzes, style Louis XV.

19 — Commode en acajou ornée de bronzes, époque Empire.

20 -- Table à quatre faces en acajou à ornements de bronzes dorés, dessus en marbre fleur de pêcher.

21 -- Meuble d'entre-deux en acajou et marqueterie de cuivre ouvrant à deux vantaux, dessus en marbre.

22 — Petite commode forme demi-lune en marqueterie de bois, garnie de trois tiroirs et ouvrant à deux vantaux pleins sur les côtés.

23 — Commode à trois tiroirs en marqueterie de bois et ornements de bronze. Style Louis XV, dessus en marbre.

24 — Petite commode forme Louis XV en bois de placage, garnie de deux tiroirs, ornements en bronze, dessus en marbre.

25 — Paravent à trois feuilles en soie brochée, le haut à glaces biseautées, monture en bois doré.

26 — Paravent à trois feuilles garnies de brocatelle, fond rose, doublées de soie brochée ; monture en noyer sculpté de style Louis XV, ornée de glaces biseautées.

27 — Petit paravent à trois feuilles décorées de peintures représentant la Fontaine d'amour et des vases de fleurs, gaînées de soie verte brochée.

28 — Baromètre en bois sculpté et doré d'époque Louis XVI. Modèle à draperies, fronton surmonté d'un aigle.

29 — Table à thé à volets en acajou ciré et filets de cuivre, dessus supportant un plateau mobile à fond de glace.

30 — Meuble-vitrine en noyer sculpté et ciré garni d'applications en cuivre ; gaîné de velours imprimé modern-style.

31 — Vitrine à étagère en bois sculpté. Style chinois.

32 — Petite pendule et deux flambeaux à deux lumières en marqueterie de cuivre et bronze.

33 — Guéridon rond en bois sculpté et doré, dessus en peluche.

34 — Encoignure en acajou et palissandre. Style Louis XVI, dessus de marbre blanc.

35 — Petit cabinet en bois noir décoré de plaques en émail à sujets mythologiques et d'applications en cuivre. Travail viennois.

36 — Coffret à bijoux sur piédouche en bois noir, décoré de plaques et de statuettes en porcelaine d'Allemagne, garni de tiroirs à l'intérieur.

37 — Chambre à coucher en bois d'érable composée
de : un lit de milieu, une armoire à glace, une
table de nuit.

38 — Ameublement de chambre à coucher en bois
noir composée de : un lit de milieu, une
armoire à glace biseautée et une table de nuit.

39 — Grand porte-manteaux en bois laqué blanc et
glace biseautée ; appliques en cuivre poli.

40-41 — Deux bibliothèques en bois laqué blanc à
deux portes vitrées.

42 — Console en bois sculpté et laqué blanc à
dessus de marbre, style Louis XVI.

43 — Table à thé en palissandre, décorée d'une
peinture genre vernis Martin, signée DESTRÉ.

44 — Guéridon en palissandre orné de bronzes
style Louis XV à dessus de marbre supportant
une grande lampe en cuivre.

44 bis — Autre guéridon analogue avec lampe.

45 — Guéridon rond en acajou, ornements à dra-
perie en bronze, dessus en marbre gris veiné.

46 — Guéridon rond à tablette d'entrejambe, ornements à guirlandes de fleurs, dessus de marbre rouge.

47 — Petite table à étagères en bois laqué fond d'or, décor à fleurs.

48 — Secrétaire en bois laqué blanc, garni de bronzes.

49 — Selle support en chêne sculpté, style gothique.

50 — Etagère d'angle en acajou à moulures de cuivre.

51 — Support garni de peluche verte.

52 — Glace, cadre doré fronton à carquois et torche enflammée,

53 — Petit écran en bois laqué blanc.

54 — Glace à coiffer, cadre doré à chevalet.

55 — Casier à musique en acajou.

56 — Petite table en bois laqué blanc dessus en faïence.

57 — Table support en bois noir de style chinois.

SIÈGES

58 — Meuble de salon composé de : un canapé et quatre fauteuils en bois sculpté et doré garnis en soie moirée fond crème à bandes de fleurs brochées, style Louis XVI.

59   Meuble de petit salon composé de : un canapé, deux fauteuils et deux chaises en bois sculpté et doré, garnis de canne avec coussins et dossiers en forme de lambrequin en soie brochée à bouquets de fleurs sur fond crème.

60 — Canapé de même modèle avec coussin et dossier en forme de lambrequin en damas vieux rose.

61 — Bergère à voussure en bois sculpté et doré de style Louis XVI, garnie en brocatelle fond rose.

62 — Deux chaises en bois sculpté et doré garnies de canne avec coussins et dossiers en soie brochée à bouquets de fleurs, style Louis XVI.

63 — Chaise en bois sculpté et doré garnie en soie brochée fond vieux rose.

64 — Canapé en bois sculpté et doré de style
Louis XVI, garni en tapisserie de Neuilly, médaillons de fleurs sur fond gris.

65 — Fauteuil milord couvert en peluche et brocatelle fond rose.

66 — Chaise de piano en bois sculpté et laqué
blanc, foncée de canne dorée, style Louis XVI.

67 — Deux chaises en bois doré, style Louis XVI
garnie en soie et peluche.

68 — Petit fauteuil bas en noyer sculpté de style
Louis XVI avec coussin en soie rose brodée.

69 — Fauteuil en bois sculpté et doré, style
Louis XIV, garni en velours ciselé vert sur fond
d'or.

70 — Deux fauteuils de style Louis XIII en noyer
sculpté garni en velours ciselé rouge ton sur
ton.

71 — Deux fauteuils style Louis XIII en noyer
sculpté, garnis en velours ciselé vert sur fond
crême.

72 — Chaise en bois sculpté forme câble, garnie en
soie brochée fond vieux rose.

73 — Tabouret oriental en marqueterie de bois et incrustations de burgau.

74 — Deux chaises garnies en peluche brodée.

75 — Pouf capitonné en velours bleu dessus **en** imitation de tapisserie.

76 — Partie de chaise longue en bois sculpté garnie en velours.

77 — Chaise de coin en bois doré dessus en peluche verte et soie.

78 —· Fauteuil en noyer sculpté de style Louis XIII garni en velours brodé de fleurs et d'ornements.

79 — Deux fauteuils en chêne sculpté garnis en étoffe fond noir.

80 — Fauteuil et chaise forme ottomane garnis **en** moquette genre oriental.

81 — Deux fauteuils en maroquin rouge.

82 — Fauteuil en noyer sculpté de style Louis XIII garni en étoffe imitant la tapisserie.

83 — Petite chaise en noyer sculpté garnie en velours rouge capitonné.

84 — Table à tablette d'entrejambe en bois laqué blanc.

85 — Colonne en bois laqué blanc.

86 — Armoire portes pleines en pitchpin.

BRONZES, FERS, MÉTAL ARGENTÉ

87 — Paire de belles et grandes appliques en bronze ciselé et doré de style Louis XVI formées par des vases de fleurs en bronze, parties émaillées bleu, suspendus à des nœuds de rubans, ornés de mascarons et de guirlandes de fleurs et garnis chacun de cinq rinceaux formant lumières disposées pour l'électricité, fond d'acajou à perlé de cuivre.

88 — Petite table ovale en bronze parties émaillées bleu, bandeau à guirlandes de feuillages, pieds feuillagés reliés par une entrejambe. Style Louis XVI, dessus en marbre.

89 — Statuette en bronze : Vénus au bain d'après ALLEGRAIN.

90 — Statuette en bronze par Nadisi. Jeune garçon lançant une pastèque.

91 — Lustre tout en pendeloques et enfilages de cristaux garni intérieurement de six ampoules électriques; la partie centrale est ornée de six petites torchères en bronze partie émaillée bleu formant lumières électriques. Style Louis XVI.

92 — Petit lustre en bronze doré, le haut formant couronne, tout en enfilage de cristaux ; la partie circulaire à guirlandes de feuillages est garnie de six roses attachées par des nœuds de rubans formant lumières électriques, à l'intérieur cinq autres lumières.

93 — Paire d'appliques en bronze à une lumière électrique en forme de torchère rattachée à un nœud de rubans. Style Louis XVI.

94 — Suspension de salle à manger en fer forgé à lampe ajourée et neuf lumières en forme de fleurs à tiges torses ; système à gaz.

95 — Paire de grands landiers en fer forgé avec barre de foyer.

96 — Lanterne d'antichambre à quatre faces en fer découpé et doré garnie de vitraux, système à gaz.

97 — Paire d'appliques à une lumière à gaz en fer forgé à figures de chimères ailées.

98 — Paire d'appliques en forme de potences en fer forgé et découpé à une lumière à gaz.

99 — Paire d'appliques en bronze poli à une lumière électrique.

100 — Paire de girandoles en bronze doré à cinq lumières.

101 — Galerie de foyer en bronze, modèle à brûle parfums et feuillages.

102 — Galerie de foyer en bronze.

103 — Galerie de foyer en bronze. Style Louis XV.

104 — Paire de vases en bronze ciselé et doré. Style Renaissance.

105 — Jardinière à deux compartiments en métal argenté surmontée au centre d'une figure de jeune fille jouant du pipeau.

106 — Corbeille en métal argenté. Style Louis XV.

107 — Petit plateau en métal argenté.

TABLEAUX. AQUARELLES

PASTELS. DESSINS. GRAVURES

BAYARD (J.)

108 — Bourriche de chrysantèmes.

BEAUDUIN (Léon)

109 — Jeune femme pensive.

BÉDONY

110 — Portrait de jeune femme en corsage bleu, coiffée d'un grand chapeau.

> Pastel.

111 — Portrait de femme en corsage blanc orné de fleurs.

> Pastel.

112 — Jeune femme rousse vêtue d'un manteau rouge.

> Pastel.

BÉDONY (N.)

113 — Femme brune couchée.

Pastel.

114 — Portrait de jeune femme décolletée, les cheveux tombant sur les épaules.

Pastel.

115 — Jeune femme nue enveloppée d'une gaze blanche.

Pastel.

BLIGNY (A.)

116 — Le galant officier.

Aquarelle.

CALASANI

117 — L'Anglais en voyage.

CALDONAZZO

118 — Le trompette.

COPPENOLLE (E.)

119 — Pensées, roses et iris.

Deux pendants.

DONZEL

120 — Seigneur et jeune femme dans un paysage.

Aquarelle.

ECOLE ESPAGNOLE

121 — L'Ascension de la Vierge.

ECOLE FRANÇAISE

122 — Portrait de femme Louis XV décolletée, en manteau bleu et tenant des fleurs dans la main droite.

Pastel.

123 — Portrait de femme en corsage décolleté garni de mousseline blanche.

Pastel.

ECOLE ITALIENNE

124 — Paysage accidenté.

Dessin et sépia.

125 — La mise en croix.

Dessin à la plume.

ECOLE MODERNE

126 — Paysage avec figures de berger et bergère gardant leur troupeau.

ECOLE MODERNE

127 — La jeune fille au chat.

Pastel.

128 — Jeune paysanne.

Pastel ovale.

FERRY (J.-Georges)

129 — Jeune femme tenant un livre.

Dessin.

GÉLIBERT (Jules et Gaston)

130 — Chiens de chasse levant un faisan.

Aquarelle.

JACQUEMIN (A.)

131 — Vase de fleurs, pêches et raisins.

Pastel.

JEANNINGROS (F.)

132 — Soubrette.

133 — Jeune femme aux oiseaux.

Aquarelles, deux pendants.

134 — Au bord de la mer.

Aquarelle.

JEANNINGROS (F.)

135-136 — La bouquetière — Jeune fille coiffée d'un chapeau de paille.

Aquarelles, deux pendants.

137 — La lecture du journal.

Aquarelle.

LERCKERT (Ch.)

138-139 — Paysages hollandais, effet d'hiver.

Deux pendants.

NOEL (Jules)

140 — Le Tréport.

Signé et daté 1871.

PÉRAIRE (Paul)

141 — Paysage, Bords de Seine.

RUGGERI

142 — Le départ du Pifferari.

SAILLY

143 — Roses et glaïeuls.

Deux panneaux décoratifs en hauteur.
Aquarelles.

SIDOLI

144 — **Madeleine.**
  Pastel.

145 — **Portrait de femme.**
  Pastel.

146 — **Jeune femme à l'écharpe jaune.**
  Pastel.

147 — Gravure, d'après RICCI : Congratulations.

148 — Gravure, d'après MILLAIS : The Black Brunswicker.

149 — Pièce en couleur : L'Ascension de la Vierge, d'aprés MURILLO.

150 — Gravure, par F. ROPS.

151 — Gravure, d'après SCHALL : Geneviève de Brabant.

152 à 154 — Trois lithographies : Les Joueurs de cartes ; La petite jongleuse ; La main chaude.

155-156 — Deux lithographies, d'après TROYON : Bœufs allant au labour. — Le retour à la ferme.

157-158 — Deux lithographies d'après ROSA BON-
HEUR. L'attelage Nivernais.—Marché aux chevaux.

159-160 — Deux lithographies d'après DESPORTES.
La chasse au faisan et la chasse à la perdrix.

MARBRES

TERRES CUITES

161 — Groupe en marbre blanc : Ariane.

162 — Statuette en marbre blanc et poli : La Vague.

163 — Statuette en marbre blanc : Baigneuse d'après
ALLÉGRAIN.

164 — Statuette en marbre : Baigneuse d'après FAL-
CONET.

165 — Buste de Marie-Antoinette en marbre blanc.

166 — Paire de grands vases en marbre rouge ornés
sur la panse de guirlandes de fleurs et nœuds de
rubans en bronze, culots feuillagés ; anses formées par des serpents.

167 — Paire de vases de forme ovoïde en marbre
vert de mer anses formées par des serpents en-
roulés, ornements en bronze doré.

168 — Buste en marbre blanc : L'Eté par MAR-
CHETTI.

169 — Buste de femme en marbre blanc : L'Hiver.

170 — Buste en marbre blanc : La Rieuse, socle en
marbre serpentin.

171 — Statuette en marbre blanc : Jeune fille por-
tant un agneau.

172 — Buste de femme en marbre blanc par RIF-
FARD.

173 — Statuette en marbre blanc : L'enfant à l'oi-
seau.

174 — Figure de dormeuse dans un bloc de marbre
blanc.

175 — Statuette de Vénus accroupie, en albâtre.

176 — Groupe en terre cuite : Petit faune aux cym-
bales.

177-178 — Deux bustes de jeunes femmes en terre
cuite par RIFFARD.

179 — Buste en terre cuite par SOCKNIN : Le Soir.

180 — Petit buste du Dauphin en terre cuite.

181-182 — Deux statuettes en terre cuite par GRÉ-
GOIRE : Clairon d'infanterie et la défense du
drapeau.

183 — Deux petites statuettes de pêcheur et pêcheuse
en terre cuite.

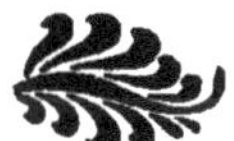

PORCELAINES   FAIENCES

VERRERIES

184 — Garniture de trois pièces en porcelaine composée de : Une corbeille de milieu soutenue par un groupe de femme et enfant sur socle à rocailles et fleurs détachées et deux candélabres à cariatides supportant des bouquets à sept lumières.

185 — Garniture de trois pièces composée de potiches en porcelaine de Chine, décor polychrome à lambrequins dont deux forment candélabres à cinq lumières ; socles en bronze de style chinois.

186 — Groupe en biscuit : Diane et ses Nymphes.

187 — Groupe en biscuit . La Toilette de Vénus.

188 — Statuette en biscuit : La Pensée.

189 — Paire de grands vases en faïence japonaise à décor de guerriers dans des paysages.

190 — Paire de lampes en faïence japonaise à décor de guerriers, monture en bronze.

191 — Lampe en faïence japonaise, monture bronze.

192 — Pendule en porcelaine représentant une chasse au Lion, sur socle à décors de fleurs en relief.

193 — Deux grandes potiches à couvercles en faïence de Delft, à décor Louis XV en bleu.

194 — Plat en porcelaine d'Allemagne, décoré de sept médaillons en relief.

195 — Deux chimères en grès de Chine.

196 — Buste de jeune homme, en porcelaine décorée.

197 — Jardinière forme coquillage sur piédouche, en faïence émaillée, décor en relief à mufle de lion, cygne et ornements divers.

198 — Vase formant surtout en faïence émaillée, décor à fleurs et ornements.

199 — Vase analogue au précédent.

200 — Vase en faïence décorée offrant en relief des fleurs et des ornements.

201 — Suspension formée de deux coupes en cristal taillé reliées par des enfilages de cristaux, intérieur garni de trois lumières électriques.

202 — Suspension en verre opalin à une lumière électrique.

203 — Quatre bouteilles en verre de Venise.

RIDEAUX. TENTURES

TAPIS D'ORIENT

204 — Paire de rideaux et deux portières en soie à bandes jaunes et brodées de fleurs alternées, style Louis XVI avec barres en cuivre.

205 — Paire de rideaux en reps de soie et imitation de tapisserie, dessin à fleurs sur fond broché vert d'eau.

206 — Dessus de piano formé d'une chasuble en ancienne soie brochée, à corbeilles de fleurs.

207 — Tapis de table formé d'un panneau en soie brodé, à bouquets de fleurs sur fond crême, encadré de peluche vieux rose.

208 — Paire de rideaux en peluche vert d'eau, brodée à fleurs et rinceaux.

209 — Paire de rideaux en peluche chaudron, brodée à fleurs et ornements.

210 — Décor de baie et quatre portières en velours rouge, et applications de fleurs et d'ornements.

211 — Deux portières de Karamanie.

212 — Dix panneaux et deux portières en tapisserie de Nîmes; personnages dans des paysages.

213 — Tablette de cheminée en tapisserie au point, fond gris.

214 — Panneau en tapisserie au petit point : La maison de campagne.

2I5 — Grande carpette orientale à dessin multicolore.

2I6 — Carpette de Smyrne, décor en rouge et bleu.

2I7 — Carpette orientale à décor polychrome, médaillon central fond bleu.

2I8-2I9 — Deux carpettes d'Orient.

220 à 222 — Trois tapis en moquette, fond gris à fleurs.

223 — Objets omis.

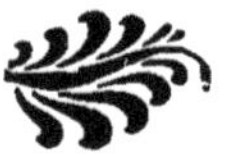

www.ingramcontent.com/pod-product-compliance
Ingram Content Group UK Ltd.
Pitfield, Milton Keynes, MK11 3LW, UK
UKHW031724170726
13836UKWH00001B/406